NIVEL 2

COLECCIÓN **LEER EN ESPAÑOL**

El hombre del bar

Jordi Surís Jordà
y Rosa María Rialp

SANTILLANA
ESPAÑOL

**Universidad
de Salamanca**

La colección LEER EN ESPAÑOL ha sido concebida,
creada y diseñada por el Departamento de Idiomas
de Santillana Educación, S. L.

El libro *El hombre del bar* es una obra original
de **Jordi Surís** y **Rosa María Rialp** para el Nivel 2 de esta colección.

Edición 1992
Coordinación editorial: **Silvia Courtier**

Edición 2008
Dirección y coordinación del proyecto: **Aurora Martín de Santa Olalla**
Edición: **Begoña Pego**

Edición 2009
Dirección y coordinación del proyecto: **Aurora Martín de Santa Olalla**
Actividades: **Lidia Lozano**
Edición: **Begoña Pego**
Dirección de arte: **José Crespo**
Proyecto gráfico: **Carrió/Sánchez/Lacasta**
Ilustración: **Jorge Fabián González**
Jefa de proyecto: **Rosa Marín**
Coordinación de ilustración: **Carlos Aguilera**
Jefe de desarrollo de proyecto: **Javier Tejeda**
Desarrollo gráfico: **Rosa Barriga, José Luis García, Raúl de Andrés**
Dirección técnica: **Ángel García**
Coordinación técnica: **Lourdes Román, Marisa Valbuena**
Confección y montaje: **María Delgado**
Cartografía: **José Luis Gil, Belén Hernández, José Manuel Solano**
Corrección: **Gerardo Z. García, Nuria del Peso, Cristina Durán**
Documentación y selección de fotografías: **Mercedes Barcenilla**
Fotografías: Algar; GARCÍA-PELAYO/Juancho; I. Rovira; L. Agromayor; Roca-Madariaga;
V. Domènech; ARCHIVO SANTILLANA

© 1992 by J. Surís y R. M.ª Rialp
© 1992 by Universidad de Salamanca
© 2008 Santillana Educación
© 2009 Santillana Educación
Torrelaguna, 60. 28043 Madrid
En coedición con Ediciones de la Universidad de Salamanca

Dados Internacionais de Catalogação na Publicação (CIP)
(Câmara Brasileira do Livro, SP, Brasil)

Rialp, Rosa María —
El hombre del bar / Jordi Surís Jordà y Rosa
María Rialp. — São Paulo : Moderna, 2011. —
(Colección Leer en Español)

1. Ficção espanhola I. María Rialp, Rosa. II.
Título. III. Série.

11-11096   CDD-863

Índices para catálogo sistemático:
1. Ficção : Literatura espanhola   863

ISBN: 978-85-16-07357-2
CP: 125163

Reprodução proibida. Art.184 do Código Penal e Lei 9.610 de 19 de fevereiro de 1998.
Todos os direitos reservados.

SANTILLANA ESPAÑOL
EDITORA MODERNA LTDA.
Rua Padre Adelino, 758 — Belenzinho
São Paulo — SP — Brasil — CEP 03303-904
www.santillana.com.br
2019

Impresso no Brasil
Impressão e Acabamento: Eskenazi Indústria Gráfica Ltda
Lote: 282255

Quedan rigurosamente prohibidas, sin
la autorización escrita de los titulares del
«Copyright», bajo las sanciones establecidas en
las leyes, la reproducción total o parcial de esta
obra por cualquier medio o procedimiento,
comprendidos la reprografía y el tratamiento
informático, y la distribución de ejemplares de
ella mediante alquiler o préstamo públicos.

Tengo que hablarte de unas perlas[1] ensangrentadas[2].
ALASKA Y DINARAMA[3]

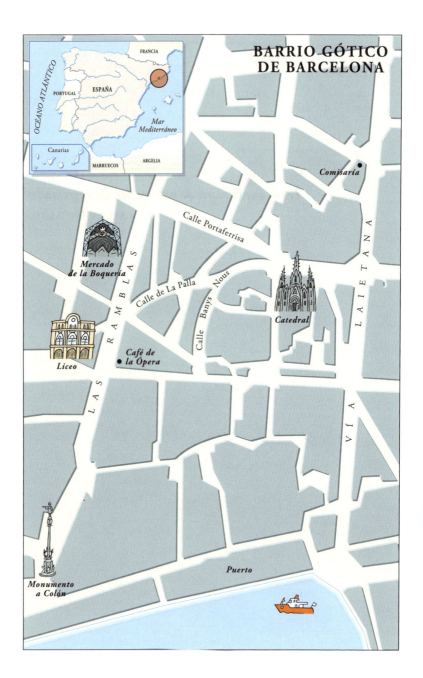

I

HACE sol. La gente en la calle parece contenta…

Laura está tomando café en un bar del «Barri Gótic»[4] de Barcelona. Está sentada cerca de una ventana y mira hacia la calle para ver pasar a la gente.

Un hombre de unos cuarenta años con una chaqueta negra entra en el bar. Mira a su alrededor. Parece que busca a alguien. Al fin se acerca[5] a Laura.

–¡Bonito día! –le dice.

–Sí, muy bonito –contesta Laura.

–Me gusta cuando hace sol. ¿A ti también?

–Sí, mucho –contesta Laura un poco sorprendida[6].

Ella no conoce a ese hombre que le habla así. «¡Qué hombre tan raro!», piensa.

–Mira, te voy a explicar algo. El tiempo es muy importante. Y hoy hace sol. Los días de sol son buenos, pero los días sin sol son un poco tristes. Cuando llueve, malo... Por favor –llama al camarero–, una cerveza…

–Enseguida –contesta este.

–... los peores son los días de lluvia y viento... –continúa el hombre de la chaqueta negra–. Todo fue en un día de lluvia y viento...

5

El hombre del bar

–Veo que sabes muchas cosas del tiempo –dice Laura con humor. Le divierte ese hombre. Le parece muy simpático.

–La verdad es que no me interesa tanto el tiempo –contesta este–. ¿Conoces esta canción?: «Tengo que hablarte de unas perlas ensangrentadas...» –empieza a cantar bajito.

El camarero trae la cerveza. El hombre deja en la mesa su pequeña cartera de mano[7] y empieza a beber. Laura mira a su alrededor. Una chica de pelo oscuro y ojos negros la está mirando. «¡Qué chica tan guapa!», piensa Laura. Ella, en cambio, no es guapa ni fea, ni alta ni baja, pero tiene unos ojos grises siempre alegres y el pelo claro, muy bonito.

El hombre de la chaqueta negra saca un paquete de cigarrillos del bolsillo.

–¿Fumas? –pregunta a Laura.

–No, gracias.

Enciende su cigarrillo y enseguida llama al camarero. Laura mira las manos del hombre. «¡Qué nervioso está!», piensa ella.

–¿Cuánto es? –pregunta–. Todo junto, pago yo.

–Bueno –contesta Laura–, gracias, pero...

El hombre paga. Después sonríe y se va. «¡Qué persona tan rara!», piensa Laura. Pero ya debe irse. Coge su bolso y pregunta al camarero:

–¿Dónde están los servicios, por favor?

–Al final del pasillo hay una escalera. Abajo, a la derecha, están los servicios.

Cuando se levanta, la chica ve una cartera de mano al lado del vaso de cerveza. «Ese se ha dejado la cartera», piensa. La coge y sale a la calle. Mira a un lado y a otro, pero no ve al hombre.

Laura no sabe qué hacer con la cartera. De momento la mete en su bolso y entra de nuevo en el bar para ir a los servicios.

Cuando sale de los servicios ve a dos hombres allí parados. Parecen esperar a alguien. Uno es alto y delgado y lleva gafas oscuras.

El otro es bajito y lleva bigote. Laura va a subir, pero en ese momento el hombre de las gafas oscuras la coge del brazo.

–¿Adónde vas tan deprisa? –pregunta con voz[8] antipática.

–Donde quiero –contesta Laura de mal humor.

De repente, Laura se da cuenta de que el hombre tiene una navaja[9] en la mano. El otro, el bajito, ha sacado una pistola del bolsillo. Al mismo tiempo mira hacia las escaleras.

–¡Silencio! ¡Si gritas, te mato! –dice el hombre delgado.

Mientras habla mueve la navaja delante de Laura. Ella está muy asustada. Quiere gritar, pero no puede.

–Entra aquí, con nosotros –le dice el hombre bajito del bigote.

Este abre la puerta de los servicios de hombres y entre los dos la llevan hacia allí. En ese momento todos oyen la voz de una chica detrás.

–¡Ah!, ¿estás aquí? Ven, te estamos esperando.

Los dos hombres dejan a Laura y miran a otro lado. Entonces Laura ve a la chica de ojos negros y pelo oscuro que la miraba en el bar. La chica coge a Laura por el brazo y la lleva hacia la escalera. Suben rápidamente y salen del bar sin mirar atrás. En la calle corren y corren hasta que por fin se paran. Se miran. Laura todavía no entiende nada. No sabe si reír o llorar.

La otra chica la mira divertida.

–Mujer, no pongas esa cara... –le dice.

Laura está pálida. Casi no puede hablar.

–¡Qué miedo! –dice por fin.

–Me llamo Ana. Y tú, ¿cómo te llamas? –pregunta la chica de los ojos negros.

–Laura.

–Vamos a tomar un café. Te vas a sentir mejor.

–Pero no en ese bar, ¿eh?

–¡Claro que no! Vamos al «Café de la Ópera»[10] si quieres.

Laura mira a su alrededor. Solo ahora se da cuenta de dónde están: en las Ramblas[11], cerca del Liceo[12].

El hombre del bar

La chica de ojos negros y pelo oscuro coge a Laura por el brazo y la lleva hacia la escalera. Suben rápidamente y salen del bar sin mirar atrás.

II

SENTADA en una mesa cerca de la puerta del «Café de la Ópera», Laura se siente mejor.

–¡Qué miedo he pasado! –dice–, muchas gracias.

–De nada, mujer. Ha sido todo tan rápido...

–¿Por qué pasan estas cosas?

–La vida es muy extraña –contesta Ana–. Vamos a pedir algo. No vamos a pensar más en esto, ¿vale?

Mientras esperan al camarero, empiezan a charlar.

–Dime, Laura. ¿Tú eres de Barcelona, verdad?

–Sí. Y tú, Ana, ¿de dónde eres?

–Soy de León[13], pero he vivido en muchos sitios. ¿Y tú, qué haces?

–Trabajo en un gran hospital, cerca de Barcelona. ¿Y tú qué haces en Barcelona, Ana? –dice Laura.

–Nada, estoy sin trabajo. Viajo.

–¿Te gusta Barcelona?

–Sí, me gustan las Ramblas y el puerto. Bueno, la verdad es que no conozco otros sitios.

Una gitana[14] entra en el bar y se acerca a ellas.

–Dame algo, bonita.

Laura coge dinero del bolso para la gitana.

El hombre del bar

–Tenga –le dice. Pero la gitana no coge el dinero. La mira con interés.

–Déjame ver tus manos... No me gusta esto..., tienes que tener mucho cuidado.

Laura escucha a la mujer, que de pronto se ha puesto muy seria.

Un camarero se acerca a la gitana.

–Por favor, aquí no se puede pedir –le dice.

Pero la mujer no lo escucha.

–Toma, hija. Esto es para ti –saca una pequeña cruz[15] del bolsillo–. Esto te va a proteger[16].

–¿Protegerme? ¿De qué? –pregunta Laura.

El camarero coge a la mujer por el brazo.

–Ya voy, ya voy... –le dice la mujer–. Veo un peligro, hija –le dice todavía a Laura mientras el camarero la lleva hacia la puerta...

La gitana sale del bar. Habla sola. Ana la mira a ella y luego a Laura. Se ha puesto pálida.

–¡Qué mujer tan extraña! –dice Laura–. Además, después de esos hombres...

–¡Oh!, olvida eso, ya ha pasado todo –dice Ana.

–Sí, es verdad. ¿Nos vamos?

En la calle, las chicas se dicen adiós.

III

LAURA sube por las Ramblas y busca un teléfono. Marca un número y oye una voz: «Soy el contestador automático[17] de Enric. Si quieres, puedes dejar un mensaje[18]».

–Enric, soy yo, Laura. ¿Dónde estás? Tengo que hablar contigo. Un beso.

Laura no consigue sentirse tranquila. Sin saber por qué, mira hacia atrás. Le parece ver a alguien conocido. Es un hombre alto con gafas oscuras... ¡El hombre de la navaja! Se pone nerviosa y empieza a andar muy rápido. Cruza la calle y se para delante de una tienda. Mira otra vez hacia atrás, pero ahora no ve a nadie. ¿Se ha equivocado? ¿No era aquel hombre? ¿Ha soñado?

Asustada todavía, Laura busca otro teléfono y vuelve a llamar a Enric. Todavía no ha vuelto a casa.

–¡Ay, madre mía! –Laura ve otra vez al hombre alto y de gafas oscuras. ¡Y a su lado está el bajito de la pistola! La siguen, ya está segura. Tiene miedo, mucho miedo. Quiere correr. No, es mejor coger un taxi... ¿o no? No hace más que preguntarse: «¿Por qué me siguen? ¿Qué pasa?».

De repente grita: una mano la ha cogido del brazo.

IV

Ana, la chica de los ojos negros, está allí y le sonríe.

–¡Eh, Laura! Soy yo, Ana. ¿Te he asustado?

–Sí, es verdad. Me has asustado. Pero ¡qué contenta estoy de verte!

–¿Qué te pasa?

–¡Ana! –Laura contesta bajito–. Me siguen.

–¿Qué?

–Que me siguen.

–¿Quién?

–Los dos hombres de antes.

–¡Los dos hombres del bar! Pero ¿por qué?

–No lo sé, Ana, no lo sé. Pero tengo que saberlo.

Ahora que está con Ana, Laura se siente más segura.

–Oye, Laura, ¿seguro que no conoces a esos hombres?

–No, es la primera vez que los veo.

–Mmmm –dice Ana.

–¡Mira! –Laura coge a Ana del brazo–. ¡Allí están!

Ana mira hacia atrás y ve a los dos hombres.

–Es verdad –dice Ana, preocupada.

–Sí...

–Explícame, Laura. ¿Qué pasa?

–No lo sé. Esta mañana he ido a tomar un café a un bar. Un hombre ha entrado y ha hablado un poco conmigo. Un hombre simpático, quizás un poco raro. Luego me ha pagado el café y se ha ido...

Laura se lleva las manos a la cabeza.

–¡La cartera! ¿Cómo no me he acordado hasta ahora?

–¿Qué cartera? –pregunta Ana.

–La cartera del hombre del bar, del hombre que me habló, una cartera de mano. La tengo en el bolso.

–¿Una cartera?

–Sí, el hombre se olvidó de su cartera. Yo la cogí para dársela, pero pasó todo aquello y...

–Ya sé... «Esos» buscan la cartera.

–Sí, seguro.

Laura se queda un momento en silencio.

–Oye, ¿sabes dónde está la catedral[19]?

–No.

–Ya... Mira, coges la primera calle a la derecha. Al final de ella hay dos calles. Coges la calle de la izquierda y llegas a una plaza grande. Allí está la catedral.

–A ver, la primera a la derecha y al final cojo la calle de la izquierda. Así que está cerca.

–Bien, empieza a andar despacio y espérame dentro de la catedral. Yo voy a intentar perder a esos dos de vista. Luego te veo allí y miramos la cartera. ¿De acuerdo?

–Sí, claro que sí –contesta Ana.

V

LA catedral está bastante oscura. Llega Laura, cansada pero sola por fin. Busca a Ana entre la gente que está visitando la catedral. La encuentra delante de una Virgen[20].

–He estado muy pocas veces en una iglesia. ¡Mira qué vírgenes tan bonitas! –dice Ana–. Y aquella de allí... ¿la ves? Parece que me está mirando.

–Sí, Ana, pero a mí no me gustan las iglesias...

–A mí tampoco, pero esa mujer, la Virgen...

–Mira, Ana. Creo que ahora no me han seguido. Vamos a sentarnos.

Laura saca la cartera de su bolso. Dentro hay varias cosas: unas llaves, una foto, un trozo de papel... Hay poca luz y no pueden ver bien la foto ni leer el papel.

Ana enciende una cerilla. Miran la foto. En ella hay tres hombres y una mujer. Laura cree reconocer al hombre del bar, el hombre de la chaqueta negra. En el papel hay algo escrito. Laura empieza a leer.

–*Las murallas*[21] *son las paredes de mi casa. La casa es la mitad de mi tesoro*[22]. *XX... y 2. Las perlas, también.* ¡Las perlas!... Ese hombre me ha hablado de unas perlas...

–¿Perlas? –pregunta Ana.

–Sí, perlas ensangrentadas... ¿Sabes, Ana? Creo que este papel es un mensaje.

–¿Y esto qué es? –pregunta Ana, que ve un pequeño dibujo en el papel–. Aquí hay un bar en una playa. ¡Huy! ¡Mi dedo!

Ana apaga la cerilla y se levanta.

–Vamos fuera. Allí hay más luz.

Salen de la catedral y se sientan en un banco.

–Bueno, vamos a ver –dice Laura–. Un bar en la playa...

–Hay olas[23] en el mar.

–¡Ya lo tengo! ¡Ana, me parece que lo he entendido! Bar, cielo, ola.

–¿Y...?

–En catalán[24] bar es *bar*, cielo es *cel* y ola es *ona*. Esto es: Bar--cel-ona, Barcelona. Y las murallas, las murallas de Barcelona, en la calle Portaferrisa. Hay un tesoro en la calle Portaferrisa, unas perlas, quizás...

–¿Tú crees, Laura?

–No sé, pero podemos ir allí. A lo mejor encontramos algo... está cerca.

–De acuerdo, vamos entonces.

El hombre del bar

–¿Sabes, Ana? Creo que este papel es un mensaje.
–¿Y esto qué es? –pregunta Ana, que ve un pequeño dibujo en el papel–. Aquí hay un bar en una playa.

16

VI

LA calle Portaferrisa es una calle que va desde la catedral hasta las Ramblas. No es muy larga y está llena de tiendas: ropa, zapatos... Las dos chicas andan despacio entre la gente. Miran a su alrededor. Esperan encontrar algo, pero ¿qué? Ellas no lo saben. Cuando llegan a las Ramblas no han visto nada especial.

–¿Has visto algo? –pregunta Laura.

–No, nada. Es que no sé qué estamos buscando.

–Yo tampoco.

–Laura, ¿y la muralla? Yo no he visto ninguna muralla...

–¡Oh!, hace mucho tiempo que no está en pie. Aquí está explicado, escrito en la pared de esta casa.

–Vamos a ver. Mira, Laura, ¡qué bonito! Aquí pone que eran las segundas murallas.

–¡Claro! Las segundas murallas. Pero ya está. ¡Ana, hay otras murallas, las primeras murallas de la ciudad!

Están en la calle Banys Nous. Y la muralla pasa por algunas casas de esa calle.

–¿De verdad? ¡Es maravilloso!

–Sí. Vamos allí.

–Vamos, Laura.

Las dos chicas llegan rápidamente a la calle Banys Nous.

–¡Qué calle tan bonita! –dice Ana–. Me gusta, es tan estrecha...

El hombre del bar

La calle Banys Nous y la calle de la Palla son dos callecitas que se encuentran casi en el centro del «Barri Gòtic». En la calle de la Palla hay una pequeña y moderna plaza con trozos de la primera muralla de Barcelona. Laura se ha parado delante de un viejo bar llamado «El Portalón».

–¿Sabes? –dice Laura–, he venido aquí muchas veces.

–¡Qué sitio tan interesante! –dice Ana–. Mira, Laura. Aquí, al lado, está el número veinte.

–¿El veinte?

–Sí, ¿te acuerdas? El mensaje hablaba de dos «X». Dos «X» son veinte.

–Sí, tienes razón, Ana, «XX y dos...».

–Veinte o veintidós... quizá en uno de estos edificios...

–Seguro que dentro hay trozos de la muralla de Barcelona. Pero ¿en qué número? ¿En el veinte o en el veintidós?

–O en el cuarenta y cuatro –dice Ana.

–No, en el cuarenta y cuatro no puede ser. La calle no tiene ese número. Acaba aquí.

–Tengo una idea –dice Ana–. Vamos a probar las llaves de la cartera. Si alguna de ellas abre la puerta del veinte, podemos subir al segundo piso –número dos– y llamar.

–¿Y si hay alguien? –pregunta Laura.

–Salimos rápido. Tenemos que dejar la puerta de la calle abierta, claro.

–¿Sabes? Tengo miedo.

–Yo también.

Las chicas se han quedado paradas, sin hablar por un momento.

–¿Qué hacemos entonces? –pregunta por fin Laura.

–Dame las llaves –dice Ana–. Si encontramos al hombre que habló contigo en el bar, le damos la cartera y ya está. Te ha parecido simpático, ¿verdad?

–Sí. Pero era un poco raro...

Laura se queda pensando, pero por fin se decide.

–Bueno, vamos. Tengo que saber por qué me siguen.

Ana coge una llave grande y con ella intenta abrir la puerta del número 20. ¡La puerta se abre! Laura tiene miedo, pero sigue a Ana que sube la escalera. Cuando llegan al segundo piso se paran delante de una puerta. Laura mira a Ana. ¿Qué hacer ahora?

–Voy a llamar –dice Ana.

Llama. Esperan un momento, pero nadie abre.

–Eh, Laura. ¡La puerta está abierta!

–¿Abierta?

Las dos chicas están nerviosas.

–Bueno, vamos a ver... –dice Laura.

Abren la puerta y entran despacio en la casa.

–¿Hay alguien? –pregunta Laura.

Nadie contesta. Hay poca luz. A la izquierda hay una puerta. Es el baño. Hay un pasillo corto a la derecha y al final una puerta abierta. Por aquella puerta entra luz.

–Vamos –dice Laura.

De repente oyen un ruido suave por el pasillo. Laura casi grita. Algo pasa delante de ellas. Es un pajarito que está libre. Laura coge la mano de Ana.

–Esto no me gusta...

–Vamos a ver un poco más –dice Ana en voz baja.

La luz entra por una ventana que da a la calle. Por un momento la luz no las deja ver. Parece un cuarto de estar, pero allí no hay muebles, solo una silla y al lado de la silla... hay algo... un hombre en el suelo.

–¡Oh! ¡Dios mío! –grita Ana.

–¡Es el hombre del bar...! Está muerto –dice Laura–, al lado de la cabeza hay sangre.

–Vámonos de aquí. Corre.

El hombre del bar

Todavía no han terminado de hablar cuando oyen un ruido detrás de ellas. Miran hacia el pasillo. Una mujer muy vieja entra en la habitación.

–Perdonen... la puerta estaba abierta.

La viejecita se para en medio de la habitación. Laura y Ana se miran con sorpresa.

–Pasan cosas muy extrañas en esta casa. Esta mañana... –continúa la vieja– aquel hombre... cosas muy raras... ¿Quién es ese? –dice cuando, de repente, ve al hombre en el suelo.

–Está muerto –contesta Laura.

–Ya lo decía yo... ya lo decía yo... Aquí pasa algo malo. Ya lo decía yo.

–Tenemos que llamar a la policía –dice Laura, que se siente un poco más segura con la vieja allí–. Me pregunto si hay un teléfono aquí.

–Voy a mirar –dice Ana.

Hay una habitación a la derecha y otra a la izquierda. Ana entra en la habitación de la derecha. Ve una cama y en el suelo un teléfono. Laura va a la habitación de la izquierda. Allí no hay nada. Solo un armario y una jaula[25] con la puerta abierta.

Cuando Laura entra en la habitación del teléfono, Ana está mirando debajo de la cama.

–Laura, mira... Aquí he encontrado unas cosas: dos paquetes de cigarrillos y fotos. Ven, vamos a mirarlas. ¡Huy! ¡Qué oscuras! En esa hay varios hombres y parece que una chica rubia...

Laura no escucha. Solo piensa en llamar a la policía. Con el teléfono en la mano se vuelve hacia Ana.

–Gracias por estar aquí conmigo –le dice.

Ana le sonríe.

–Comisaría de policía. ¿Diga? –contesta alguien al otro lado del teléfono.

–¿Puedo hablar con el inspector Ibáñez, por favor?

Jordi Surís y Rosa María Rialp

—Pasan cosas extrañas en esta casa. Esta mañana... aquel hombre... cosas muy raras...
¿Quién es ese?

El hombre del bar

–¿De parte de quién?

–De Laura.

–Un momento, por favor.

Poco después Laura oye la voz del inspector Ibáñez.

–¿Laura?

–Hola, inspector. Soy yo.

–¿Qué tal, Laura? ¿Cómo estás?

Laura y el inspector Ibáñez se conocen desde hace algún tiempo. Él ayudó a Laura en una ocasión. La chica sabe que la va a escuchar como a una amiga.

–No muy bien. Estoy en un piso de la calle Banys Nous. En la habitación de al lado hay un hombre muerto.

–¿Qué ha pasado? –pregunta Ibáñez preocupado.

Laura se lo explica todo.

–Laura, escúchame bien –le dice Ibáñez–. Tenéis que salir del piso. Dejadlo todo como está y salid deprisa. Puede ser muy peligroso. Esperadme en «El Portalón». ¿Sabes dónde está?

–Sí, claro. Aquí al lado.

–Yo voy enseguida. Y mucho cuidado, Laura...

Laura mira a Ana que está a su lado.

–Tenemos que irnos deprisa –dice.

La vieja se ha marchado del cuarto de estar. Solo queda el hombre muerto en el suelo lleno de sangre. Ana se para un momento y lo mira. Luego sigue a Laura, que ya está en la puerta. Bajan la escalera muy rápido.

En «El Portalón», Laura mira a los pocos clientes. No hay ningún hombre alto con gafas ni ninguno con bigote.

–Voy a llamar por teléfono –dice.

–Vale, te espero aquí –contesta Ana.

Ana parece triste y cansada. Se sienta en una mesa. Laura coge el teléfono y marca el número de Enric.

–¿Sí? –le contesta una voz.

–¿Enric?

–¡Hola, Laura!

–Enric, te he llamado antes.

–Sí, ya lo sé. ¿Dónde estás?

–Por favor, Enric, ¿puedes venir enseguida?

–¿Qué pasa, Laura?

–Luego te lo explico. Estoy en «El Portalón».

–En media hora llego. Un beso.

–¿Enric?

–¿Sí?

–Hoy he conocido a una chica estupenda. Creo que vamos a ser muy amigas.

Cuando se sienta al lado de Ana, esta la mira sin decir nada. Sonríe tristemente.

VII

UN coche de la policía entra por la calle de la Palla y se para delante de «El Portalón». Varios hombres bajan del coche. Uno de ellos, joven y de pelo corto, entra en el bar y se acerca a la mesa de las chicas.

–¡Hola, Laura! ¿Estás bien?

–Sí. Mira, te presento a Ana...

–Encantado.

–... Ana, este es el inspector Ibáñez.

–¡Hola! –contesta Ana con una sonrisa.

El inspector hace varias preguntas a las chicas. Les pide la cartera y las fotos, pero no tarda en levantarse.

–Voy a subir al piso con un compañero. Hay otro en la calle. ¿Me esperáis aquí?

–Vale, de acuerdo.

Poco después un joven no muy alto y de pelo negro entra en «El Portalón». Se acerca a Laura y le da un beso.

–¿Qué tal? –pregunta.

–Bien, Enric. Te presento a Ana.

–¡Hola, Ana!

–¡Hola, Enric! –se dan un beso.

–¿Cómo os va todo? Os veo preocupadas...

–Sí, Enric. Ha sido una mañana horrible...

–¡Cómo siento no haber estado en casa! ¿Dónde está Ibáñez? ¿Está en el piso?

–Sí. Allí está todavía. Lo estamos esperando.

–Entonces voy a subir. Ahora venimos.

Enric mira a Ana. Antes de levantarse le dice que es muy guapa. Las dos chicas sonríen cuando lo ven salir.

–¿Es tu novio? –pregunta Ana.

–Más o menos –contesta Laura.

–¿Y sois amigos de un policía?

–Sí. No es la primera vez que tengo problemas. Él me ayudó –dice rápido, sin saber por qué.

–¿Y cómo te va con Enric?

–Bien, muy bien. Es un chico tranquilo y amable.

–Yo también he tenido un novio. Bueno, muchos, pero uno muy especial. Duro y seguro. Quizá también mala persona, pero no conmigo.

Ana se queda un momento en silencio.

–¿En qué piensas? –pregunta Laura.

–Pienso en el hombre muerto...

–Ana, ¿quieres ir a pasear conmigo luego y hablamos? –pregunta Laura.

–¡Estupendo! ¡Qué buena idea!

–Mira. Pasamos por el mercado de la Boquería... Allí compramos gambas[26] y un poco de fruta y nos las comemos en el puerto.

VIII

EL inspector Ibáñez y Enric entran en el bar. Se sientan con las chicas.

—Bien —empieza Ibáñez—, lo han matado de un disparo[27] en la cabeza. En el piso de al lado vive la vieja que habéis visto. Le hemos preguntado y nos ha hablado de ruidos extraños y de un hombre... No sabemos si habla del hombre asesinado[28] o de otro.

—Un policía ha llevado a la comisaría las fotos que habéis encontrado —continúa Enric—. En el bolsillo de la chaqueta del muerto había algo interesante: una carta que creo que es muy importante...

—Es esta —Ibáñez saca la carta—, y dice así:

¡Hola, pequeña! Estoy seguro de que vas a leer esta carta. Y la vas a entender. Tú eres así, inteligente, siempre lo has sido, y tú y yo pensamos igual. Vamos a jugar:

$$ALL\acute{I} \times 2 = X$$

Ahora, tú tienes que buscar el número. Un beso... ¿Te acuerdas de la canción? Cántala por mí si es necesario.

—Es una carta muy extraña —dice Laura.

—Otro mensaje —continúa Ana.

—Sí, creo que es esta una carta muy especial. ¿Habéis oído?: *Cántala por mí SI ES NECESARIO.* Parece un adiós. El hombre sabe que va a morir, ¿no os parece? Y escribe esta carta a una chica que puede entenderla...

El inspector ve que ellas están preocupadas.

–Tranquilas, chicas –les dice–. Vamos a encontrar la explicación de todo esto. Ahora voy a la comisaría. A lo mejor mis hombres ya saben quién es el hombre muerto.

–... Y quiénes son los hombres de la foto –dice Enric.

–Claro, y también la mujer... –termina el inspector.

Una ambulancia se para delante de «El Portalón». Un médico sube con prisa al piso, seguido por un policía.

–¿Qué vais a hacer vosotros? –pregunta Ibáñez.

–Podéis venir a mi casa –propone Enric.

–Buena idea, si ellas no quieren estar solas...

–No, no os preocupéis, queremos pasear por el puerto. Luego, a las cinco, podemos quedar contigo, Enric.

–Para mí, las cinco es demasiado pronto –dice Ana.

–¿A las ocho te parece bien?

–Estupendo.

–Mientras, tú, Enric, puedes venir conmigo. Luego vamos a tu casa para encontrarnos con ellas.

–Bueno. Nos vemos a las ocho –dice Laura.

–¿Tienes las llaves de mi casa? –pregunta Enric.

–Sí, las tengo.

–Entonces, hasta luego.

IX

LAURA y Ana están sentadas en el puerto. Algunas gaviotas[29] gritan en el cielo, otras descansan sobre las aguas sucias, entre los barcos.

Las dos chicas han ido a la Boquería y han comprado gambas y unas manzanas, que están comiendo mientras hablan.

–¿Sabes, Laura?, mi vida no es como la tuya –explica Ana–... con tus padres, tus hermanos, la escuela...

Antes, mientras iban hacia el puerto, Laura ha contado a su nueva amiga su vida de cuando era pequeña, su vida de niña feliz. Ahora Ana también se acuerda y habla. Mira a lo lejos, con ojos tristes.

–Mi vida está hecha de preguntas: primero sobre mis padres, a los que nunca conocí, y sobre la familia que me recogió; luego la escuela especial..., ya sabes, para niños con problemas. Y preguntas sobre los años que pasé sola, sin familia ni trabajo. Porque he conocido a muchos hombres, ¿sabes?, pero no he querido a ninguno. Hasta que llegó uno... uno muy importante para mí...

Jordi Surís y Rosa María Rialp

−¿Sabes, Laura?, mi vida no es como la tuya... con tus padres, tus hermanos, la escuela... Mi vida está hecha de preguntas: preguntas sobre los años que pasé sola, sin familia ni trabajo.

X

EN la comisaría de Vía Laietana, Ibáñez y Enric escuchan con interés a Méndez, otro policía. El hombre no lleva chaqueta ni corbata. Fuma sin parar. Habla muy rápido. Ha venido deprisa con un informe[30] en la mano.

–Inspector, hemos estudiado las fotos... Aquí está el informe –deja unos papeles sobre la mesa–. Si miramos esta foto, podemos ver aquí al hombre asesinado. Se llama Pedro Rubio, «el Moreno». A su derecha, este alto y fuerte es Casimiro Rodríguez, «el Manco»[31], pero, como podéis ver, tiene dos manos como todo el mundo. Eso de «manco» es una broma. Este es un hombre duro, muy peligroso. Es el jefe de la banda[32].

–¿Quiénes son los otros? –pregunta Ibáñez.

–El hombre de la izquierda es Luis García, «el Perchas». A su lado está Manuel Ruiz, «el Sucio». Además hay una mujer, seguramente rubia. No sabemos quién es. Bueno, estos son «La banda del Manco». Ahora podemos pasar al informe.

Ibáñez lo coge y empieza a leer.

13 de agosto. Una banda de ladrones roba en una oficina del Banco Central de Alicante. Se llevan dinero y joyas. Entre las joyas hay unas perlas de muchísimo valor... Los ladrones son «La banda del Manco».

–Son los de la foto más un hombre muy gordo al que llaman «el Gordo». La policía los conoce a todos menos a la chica –explica Méndez.

24 de agosto. En una carretera cerca de Valencia la policía encuentra a un hombre muerto, asesinado. Es Luis García, «el Perchas».

26 de agosto. Unos niños encuentran al «Gordo», muerto, dentro de un coche en una calle de Murcia.

–Algo pasa dentro de la banda. Parece que se están matando entre ellos –dice el inspector.

30 de agosto. Un hombre roba en otro banco, esta vez en el Hispano Americano de Albacete.

2 de septiembre. La policía coge al ladrón del Hispano Americano en Barcelona. Es Manuel Ruiz, «el Sucio». Esta vez trabajaba solo. Él explica algunas cosas a la policía...

Ibáñez levanta los ojos del papel. Está pensando. Méndez no espera y dice:

–Ahora viene la historia de la chica. Parece ser que «el Manco» la conoció en un bar y ella se fue a vivir con él. Los problemas empezaron cuando la chica lo dejó por Pedro Rubio, el hombre asesinado hoy.

–Me parece que empiezo a comprender –dice Ibáñez–. Pero tome el informe, Méndez, léalo usted, por favor.

Pedro Rubio, «el Moreno», y la chica dejan la banda y escapan[33] con las perlas. «El Manco» y su banda salen detrás de ellos. Los encuentran en Valencia. El encuentro es terrible. La chica mata al «Perchas» porque intentaba disparar sobre «el Moreno». Este dispara al jefe y le hiere en la pierna. «El Moreno» y la chica escapan otra vez.

–Hacia Barcelona –dice el inspector–. Aquí los encuentran. Y «el Manco» o alguien de la banda mata al «Moreno». Porque la chica no va a ser, claro.

El hombre del bar

–Pero ¿qué pasa con la chica? –pregunta Méndez–. Y las perlas ¿quién las tiene ahora?

–¡La carta! –grita Enric–. ¿Recuerdan el mensaje? La carta dice dónde están.

Enric piensa en toda la historia de la banda, en su amiga Laura y en Ana, y en la extraña carta del muerto de la calle Banys Nous. Él también quiere hacer algo.

–Quisiera volver al piso de la calle Banys Nous –dice por fin el chico–. Allí hay algo, todavía no sé qué, que nos puede decir dónde están las perlas. ¿No os parece?

En ese momento suena el teléfono. La policía ha cogido a dos hombres cerca de la calle Banys Nous. Los están trayendo a la comisaría.

–A ver qué cuentan esos dos. Usted se ocupa de ellos, Méndez. ¿De acuerdo? Y me prepara un informe rápido. Yo voy a volver con Enric al piso.

XI

CUANDO el inspector Ibáñez y Enric entran en el piso todo está en silencio. El cuarto de estar sin el hombre muerto parece más grande. Las ventanas están cerradas. Los dos hombres empiezan a buscar. Ibáñez pasea por las habitaciones sin decir nada. Sabe que sus hombres ya han estado en el piso. Piensa que no va a encontrar nada nuevo, pero espera tener allí una buena idea.

Vuelve al cuarto de estar y ve al pájaro en la silla. Se acerca con cuidado, pero el pájaro, asustado, sale hacia el pasillo. Allí está Enric.

–¿Qué haces? –le pregunta Ibáñez.

–Estoy contando.

–¿Contando?

–Sí. La carta dice que hay que encontrar el número. Entonces, cuento las puertas, las ventanas... no sé. Hay cuatro ventanas y ocho puertas.

–Ja, ja, ja... –ríe el inspector.

Enric también se ríe. Él también se encuentra un poco tonto, así sin saber qué cuenta.

–Bueno –dice Ibáñez–, voy a hablar con la comisaría desde el coche. Además, no sé qué buscar aquí...

–¿Yo puedo quedarme? –pregunta Enric.

El hombre del bar

—Claro. Vuelvo enseguida.

Ibáñez sale del piso. Enric se queda solo. No puede pensar en otra cosa que en la carta: «*ALLÍ dos veces*», decía el hombre. «ALLÍ, sí, pero ¿dónde?, por favor, ¿en qué lugar?», se pregunta Enric.

El chico va hacia la habitación de la izquierda. «¿En el armario, quizás?» Pero, de repente, oye un ruido. Se para. Sí, ¡alguien está abriendo la puerta! Enric empieza a ponerse nervioso. Alguien viene por el pasillo. Alguien ha entrado en el cuarto de estar.

Con cuidado, Enric mira desde detrás de la puerta. Ve a una chica rubia que lleva una pistola en la mano.

La chica se ha parado. Ahora empieza a pasear lentamente por el cuarto. Se para otra vez y deja el bolso en el suelo y la pistola cerca. Abre la puerta de la otra habitación y entra. Enric oye ruidos. La chica está moviendo algo. Entonces, con mucho cuidado, Enric pasa al cuarto de estar, coge la pistola y quita las balas[34]. Las guarda en el bolsillo y rápidamente vuelve a la habitación del armario. Desde allí ve a la chica. Esta entra de nuevo en el cuarto de estar y llama al pájaro. El animalito se acerca y se pone en la mano de la chica. Ella abre la ventana y el pájaro sale, libre. Sin pararse más tiempo, la chica coge la pistola, la mete en el bolso y sale.

Jordi Surís y Rosa María Rialp

Sí, ¡alguien está abriendo la puerta! Alguien viene por el pasillo. Alguien ha entrado en el cuarto de estar. Una chica rubia que lleva una pistola en la mano.

XII

ENRIC se queda un momento sin saber qué hacer. Desde la ventana ve cómo la chica coge la calle de la derecha. Enric decide seguirla. Sale del piso, corre por las escaleras, por la calle. ¡Uf! Por ahí va la chica. Ella anda despacio por la calle de la Palla hacia la catedral.

Está oscuro dentro de la catedral. Enric busca a la chica. Por fin la ve. Está parada delante de la Virgen.

En ese momento, un hombre se acerca a ella.

—Señorita —le dice.

La chica lo mira sin verlo.

—¡Señorita! Aquí no se puede estar vestida así.

—¿Cómo dice? —pregunta esta sin entender.

—Esta es la casa del Señor.

—¿Pero de qué Señor me hablas? —dice la chica.

Se lleva la mano al pelo y se quita la peluca[35] rubia y la tira al suelo. ¡Ahora la chica es morena!

Sale de la catedral, seguida por Enric. En la Vía Laietana se acerca a una parada de taxis y coge uno. Enric ve entonces cómo un hombre alto y fuerte sale de un portal. Cojea mucho, pero anda deprisa hacia la parada. Coge un taxi detrás de la chica.

XIII

SIN perder tiempo Enric busca un teléfono. Cuando lo encuentra marca el número de Laura. No está en casa. «¡Dios mío! ¿Por qué no ha vuelto del paseo con Ana?» «¿Le ha pasado algo?» Nerviosísimo, Enric deja un mensaje en el contestador de su amiga: «Laura, soy yo...».

Ahora tiene que hablar con Ibáñez. Enric corre hacia el piso de la calle Banys Nous. El inspector no está allí. Seguramente ha vuelto a la comisaría.

El inspector Ibáñez está sentado en su mesa. Hace poco que ha llegado. Está solo. Rápidamente Enric le explica todo. Está cada vez más asustado. Ibáñez lo escucha sin decir nada. Parece preocupado.

–Ahora no podemos hacer otra cosa que esperar a las chicas en tu casa –dice cuando Enric termina–. Allí hemos quedado a las ocho, ¿no?

–Sí, pero vámonos ya. Tengo miedo por Laura.

–¿Sabes?, ya tengo el informe de los dos hombres que hemos cogido en la calle Banys Nous. Son el alto de gafas y el bajito con bigote que seguían a Laura. Amigos del «Sucio», al que conocieron en la cárcel. Allí, este les contó la historia del robo del Banco de Alicante. Y ahora, ya libres, han intentado conseguir las perlas. De momento nos podemos olvidar de ellos. No son ningún problema.

El hombre del bar

–¡Ah! –dice Enric–. Es una buena noticia, pero esa mujer...

–Ya, la mujer... Pero la verdad es que me preocupa todavía más «el Manco». Es un hombre muy peligroso. Este es el asesino del hombre del bar, seguro. Después de lo que pasó en Valencia... de los disparos que le dejaron cojo.

Enric mira al inspector. Claro que se acuerda de toda la historia del «Manco», de los muertos, de las perlas... Y a él tampoco le gusta saber que un hombre así está libre, quizás cerca.

–Es divertido todo esto –dice Ibáñez–: «el Manco» no es manco, es cojo. «El Moreno» se llama Rubio...

–... y una rubia que es morena –continúa Enric tristemente.

–Sí, Enric, parece una broma.

–Pero no lo es. Vámonos. ¡Ah!, toma.

Enric saca de su bolsillo las balas de la pistola y se las da a Ibáñez. Este las cuenta.

–¿Solo hay ocho? –pregunta.

–Sí.

–¡Qué extraño! –dice el inspector.

XIV

LAURA vive en la calle Balmes, cerca de la Plaza Molina. Llega a su casa sola. No tenía ganas de pasear más ni de comprar ni de hacer nada en la calle. Ahora solo quiere estar tranquila en casa, escuchando un poco de música, esperando a Ana y a los demás. Todavía es pronto. Le da tiempo de avisar a Enric. Se sienta al lado del teléfono y llama. Otra vez la voz del contestador.

–¡Hola, Enric! Hemos cambiado de idea. Estoy en casa, esperando a Ana. He quedado con ella aquí. Venid vosotros también. Es que estoy un poco cansada. Prefiero no moverme más, después de un día como hoy... Un beso.

Así, sentada, Laura se da cuenta de que está en verdad cansadísima. Antes de escuchar en su contestador si tiene llamadas, va a preparar un café.

En este momento alguien llama a la puerta. Es Ana.

–Hola, Laura. Es un poco pronto, ¿verdad?

–Claro que no, Ana. Oye, voy a preparar café. Me hace falta. ¿A ti no?

–Sí, buena idea.

En la cocina, las dos chicas empiezan a charlar. Ana tiene ganas de explicar muchas cosas a Laura. Antes, en el puerto, solo fueron cuatro frases. Ahora le habla de cuando era niña. También de

El hombre del bar

hombres y de ciudades que ha conocido. Lo hace con otra luz en los ojos.

—La vida no ha sido fácil para ti, ¿verdad? —dice Laura sin acordarse de beber su café.

—No, no mucho. Pero yo soy fuerte.

—Y además ahora me tienes a mí.

—Claro, eres una chica estupenda. Y yo no soy tan dura como parece.

—¿Tú... dura?

—Mira, un día, un hombre me dijo: «Tú eres todo para mí. Eres inteligente. El mundo es nuestro, Ana». Y desde entonces, yo lo hice todo por él.

Laura no entiende muy bien qué le quiere decir Ana. Pero le da igual. Siente que su nueva amiga es diferente. Ana no es solo una buena persona que esta mañana la ha ayudado. Quizás ella es quien necesita ser protegida. Y por esta cosa especial que lee en los ojos de Ana, Laura le sonríe.

XV

LA Vía Laietana está llena de coches a esta hora. El inspector Ibáñez conduce su coche y Enric va a su lado. Han pasado por su casa y escuchado el mensaje de Laura. Ahora saben que Ana va a ir a casa de Laura. Debe de estar allí ya. Tienen que llegar enseguida.

–¡Así no vamos a llegar nunca!

–Tranquilo, Enric, no estamos lejos.

–Sí, pero todos los minutos cuentan. Con esa chica, Laura está en peligro.

–Tranquilo, te digo, ahora llegamos –dice Ibáñez.

Pero están parados otra vez. Enric mira a la gente que pasa por la calle. De repente se pone pálido.

–Ibáñez, ¿dices que «el Manco» cojea?

–Sí. Se llama «el Manco», pero es cojo.

–¡Ibáñez... es horrible...! –grita Enric.

–Pero ¿qué te pasa, chico?

–Date prisa, por favor. ¡El cojo! ¡Lo he visto! Antes, delante de la catedral. Está siguiendo a esa mujer...

–... y esa mujer está con Laura. Enric, ahora sí que estoy preocupado. A ver si estos coches se ponen a andar. ¡Qué lentos son! ¡Vamos, que no tenemos tiempo!

XVI

LAURA y Ana continúan en la cocina, sentadas. El café se ha quedado frío. Por un momento se han callado. Laura se levanta.

–Ana, ¿me perdonas un minuto? Voy a ver qué llamadas tengo en el contestador.

–Vale. Mientras, si quieres, preparo otro café. Este debe de estar horrible.

Laura se acerca al teléfono. En el contestador hay una llamada de su madre y otra de una amiga. La última llamada es de Enric: «Laura... –empieza el mensaje– soy yo, Enric. Escúchame bien, Laura. Ana es peligrosa. La pistola no tiene balas. Pero ten cuidado, por favor te lo pido. Voy enseguida. Te quiero».

Laura se queda de pie en el salón, al lado del teléfono. Está pálida, no entiende el mensaje de Enric. ¿Que Ana es peligrosa? ¿Qué le pasa a este chico ahora? Su broma no puede ser menos divertida. A ver si llega pronto y se explica.

–Laura, ya está listo el café. Lo traigo aquí.

Ana deja la bandeja en la mesita del salón. Laura, lentamente, va hacia ella.

–¿Qué te pasa, Laura?, estás muy seria.

–Ana... –empieza Laura–. Hoy tú y yo hemos tenido un día muy especial, ¿verdad?

—La verdad es que sí –contesta Ana sorprendida.

–¿Te acuerdas? Esta mañana, el hombre que deja su cartera en el bar; luego, aquellos dos hombres en los servicios, con la navaja y la pistola. Y tú... tú me has ayudado...

Ana escucha en silencio.

–... Luego esos dos hombres que me siguen por la calle. Y tú, allí otra vez, para protegerme...

–Sí, tú estabas asustada. Yo lo sabía. No tenía nada que hacer y te seguí –dice Ana.

Laura mira a Ana, pero parece no oírla. Ana siente que algo extraño está pasando. Laura no para de hablar, de recordar.

–Y después, lo peor: el hombre del bar que encontramos muerto en un piso del «Barri Gótic»; y esas extrañas cartas e historias de perlas...

Laura toma un poco más de café. Ana le pasa el azúcar en silencio.

–¿Sabes, Ana?, me pregunto qué hacía ese hombre en el bar. Solo habló conmigo y no me conocía. Parecía triste y nervioso. ¿Por qué se dejó la cartera en el bar?

–Has dicho que estaba nervioso... quizás la olvidó –dice Ana, que casi no puede hablar.

–¿La olvidó o la dejó? Es extraño. Ahora pienso en el mensaje que había en esa cartera. Quizás el hombre fue al bar para ver a alguien, para darle la carta. A una chica, como decía Ibáñez. ¿Pero por qué me la dejó a mí?

Ana no se mueve. Las palabras no le salen de la boca, está sin voz. Y Laura continúa, continúa...

–¡Ya sé! En el bar él vio a los dos hombres, al alto de las gafas y al del bigote. No quiso quedarse con la cartera y me la dejó. Claro, no había nadie más allí. Bueno, estabas tú...

A esta hora el piso de Laura está oscuro. Las dos chicas parecen sombras. Ninguna de las dos se mueve. Laura se ha callado. Ana no la ve, pero sabe que ahora lo ha entendido todo. Después de un minuto muy largo, Laura rompe el silencio.

—¡Ana, el hombre te buscaba a ti, la carta era para ti! Y para protegerte de aquellos hombres, el hombre me la dio a mí...

Ana continúa sentada. Laura se ha puesto de pie. Le duele la cabeza. Le duele todo. Tiene pena, sobre todo.

—¡Tú eres esa chica! ¡Tú has robado, quizás has matado a alguien! Y me has usado todo el tiempo —grita ahora Laura—. Pero la policía sabe quién eres y tú vas a pagar.

—Eso no lo creo, Laura.

Ana no escucha. Coge su bolso y saca la pistola.

—No me asustas, Ana —dice Laura lentamente.

—No quiero asustarte.

—No me asustas porque la pistola no tiene balas.

—Claro que sí tiene.

—No. Escucha el contestador:

«Laura, soy yo, Enric. Escúchame bien...».

Ana mira a Laura con una extraña sonrisa.

—Sí, sí, dilo, soy una asesina —le grita—. Es verdad. Maté a un hombre. Fue un día de lluvia y viento, hace tiempo... Lo hice por «el Moreno». Ahora ya me da igual.

Ana apunta[36] a Laura con la pistola.

—¿Estás segura de que no tiene balas? —pregunta.

Laura se lleva las manos a la cara. Enseguida Ana baja la pistola.

—Perdona, Laura. Yo te quiero mucho. Voy a verlo conmigo. Para mí ya es igual.

Ana apunta la pistola hacia su cabeza.

—¡No, Ana! —grita Laura.

Ana sonríe. Dispara. El ruido del disparo llena la habitación. La sangre corre por la ropa de Ana. No se mueve. Después, cae al sue-

Jordi Surís y Rosa María Rialp

–¡Ana, el hombre te buscaba a ti, la carta era para ti! ¡Tú eres esa chica! ¡Tú has robado, quizás has matado a alguien! Y me has usado todo el tiempo.

El hombre del bar

lo. Algo sale de su bolsillo. Algo de color blanco. Son perlas, perlas ensangrentadas.

–¡No, Ana, no! ¡Por favor, no te mueras!...

Ana está muerta. Tan guapa todavía, con sus grandes ojos abiertos.

Laura se acerca a ella. Siente ganas de llorar.

XVII

DE repente Laura levanta la cabeza. Escucha un ruido en la puerta. Alguien está intentando abrirla. Laura coge la pistola del suelo. La puerta se abre. Un hombre está entrando en el salón. Laura apunta.

–Laura, somos nosotros.

Son Enric y el inspector Ibáñez. Laura corre hacia ellos. Está llorando. Enric la coge entre sus brazos.

–Enric, está muerta. Está muerta, está muerta... Quedaba una bala en la pistola.

El inspector Ibáñez se ha acercado a Ana. Le coge la mano. Sí, está muerta...

Ibáñez quiere llamar por teléfono. No le da tiempo.

Cuando va a marcar el número de la comisaría oye un ruido. Alguien está abriendo la puerta. En la habitación entra un hombre alto con una pistola en la mano. Cojea de la pierna izquierda. Levanta las manos y apunta...

Pero el inspector es más rápido. El hombre cae al suelo con un grito.

XVIII

AL día siguiente, Laura está sentada en el puerto, en el mismo banco. Mira los barcos que entran y salen.

El cielo está ya casi negro. Laura se acerca al agua. Abre su bolso y coge algo. Es la cruz que le dio la gitana. La mira durante largos minutos. Mira también el agua sucia y oscura. Levanta despacio la mano y deja caer la cruz. El agua se mueve unos momentos. Ahora Laura solo ve el agua negra del puerto, los barcos y una gaviota que grita a lo lejos.

ACTIVIDADES

Antes de leer

1. Antes de empezar la lectura de *El hombre del bar*, hojea el libro, fíjate en el título y en las ilustraciones y responde a estas preguntas.

    a. ¿De qué crees que trata la novela?
    - [ ] De las vacaciones de un turista.
    - [ ] De un asesinato en una gran ciudad.
    - [ ] De la vida nocturna en una gran ciudad.

    b. ¿Dónde tiene lugar?
    - [ ] En las calles de Barcelona.
    - [ ] En una ciudad del noroeste de España.
    - [ ] En el mar.

    c. ¿Quién cuenta la historia?
    - [ ] La protagonista.
    - [ ] Un narrador en tercera persona.
    - [ ] El amigo de la protagonista.

2. Relaciona estos lugares de la novela con su fotografía.

    | Barrio Gótico | Puerto | Mercado de la Boquería | Catedral |

3. ¿Conoces alguno de esos lugares? ¿Los has visitado?

El hombre del bar

Durante la lectura

Capítulo I

4. **(1)** Antes de leer el capítulo, escúchalo y anota la información que descubras sobre estos aspectos.

   a. Lugar donde sucede la acción. _____

   b. Personajes que aparecen al principio. _____

   c. Objeto que olvida el hombre del bar. _____

   d. Personas que entran despúes en la acción. _____

5. Ahora, lee el capítulo y corrige tus respuestas.

6. ¿De qué tipo de novela crees que se trata? Señálalo.

   ☐ De aventuras. ☐ De amor. ☐ De ciencia ficción.

   ☐ De terror. ☐ Policíaca. ☐ Histórica.

Capítulo II

7. **(2)** Antes de leer el capítulo, escúchalo y escribe las preguntas correspondientes a las siguientes respuestas.

   a. En el Café de la Ópera.

   b. Es de Barcelona.

   c. Es de León.

   d. Le dice a Laura que tiene que tener mucho cuidado.

8. Lee el capítulo y comprueba si tus respuestas son correctas.

Capítulo III

9. **(3)** Antes de leer el capítulo, escúchalo y di qué adjetivos describen el estado de ánimo de Laura.

tranquila	asustada	confundida
contenta	nerviosa	triste

ACTIVIDADES

10. Lee el capítulo y comprueba tus respuestas.
11. Reflexiona sobre las siguientes cuestiones.
    a. ¿Por qué crees que los dos hombres siguen a Laura?
    b. ¿Crees que su amiga Ana puede tener algo que ver?

Capítulo IV

12. 4 Antes de leer el capítulo, escúchalo y relaciona el inicio y el final de las oraciones.

    1. Ana encuentra...   a. ... el hombre del bar se dejó la cartera.
    2. Laura le explica que...   b. ... van a ir juntas a la catedral.
    3. Las chicas deducen que...   c. ... a su amiga Laura en la calle.
    4. Ana y Laura deciden que...   d. ... los dos hombres quieren la cartera.

13. Lee el capítulo y comprueba tus respuestas.
14. Las dos amigas van a encontrarse en la catedral. ¿Cómo llegarán hasta allí desde el punto rojo? Traza el recorrido en el mapa.

51

El hombre del bar

Capítulo V

15. (5) Antes de leer el capítulo, escúchalo y relaciona los sustantivos con sus adjetivos correspondientes.

    1. Laura. 2. Catedral. 3. Virgen. 4. Perlas.

    a. Ensangrentadas. b. Cansada. c. Oscura. d. Bonita.

16. Lee el capítulo y comprueba tus respuestas.

17. ¿Qué descubren Laura y Ana cuando leen el papel de la cartera?

    a. Que el hombre del bar es de Barcelona.
    b. Que hay un tesoro en la calle Portaferrissa.
    c. Que el hombre del bar quiere comprar unas perlas.

Capítulo VI

18. (6) Escucha el capítulo y marca en el mapa las calles que escuches.

19. Lee el capítulo y comprueba que has marcado todas las calles.

20. Responde a las siguientes preguntas.

    a. ¿Adónde van Laura y Ana?
    b. ¿A quién encuentran allí?
    c. ¿Quién entra en la casa después?
    d. ¿Qué decide hacer Laura?

ACTIVIDADES

Capítulo VII

21. Antes de escuchar y leer el capítulo, lee estas oraciones.

    a. El inspector Ibáñez va a la calle de la Palla y entra en el bar «El Portalón».

    b. Hace mucho frío y la calle está vacía.

    c. Laura presenta a Ana al policía y a Enric.

    d. Ibáñez y Enric van a la casa donde está el hombre muerto.

    (7) Escucha el capítulo y di qué oración no corresponde a esta historia.

22. Lee el capítulo y comprueba tus respuestas.

Capítulo VIII

23. (8) Antes de leer el capítulo, escúchalo y escribe un breve resumen de lo que sucede.

24. Lee el capítulo y comprueba tu respuesta.

Capítulo IX

25. (9) Antes de leer este capítulo, escúchalo y describe la ilustración.

    a. ¿Quiénes son las dos chicas?

    b. ¿Dónde están?

    c. ¿Qué están comiendo?

    d. ¿De qué están hablando?

26. Lee el capítulo y comprueba tus respuestas.

53

El hombre del bar

27. Completa el cuadro y compara las vidas de Laura y Ana.

	Infancia	Familia	Escuela
Laura			
Ana			

Capítulo X

28. 🔴10 Antes de leer el capítulo, escúchalo y responde a las preguntas.

    a. ¿De qué hablan los inspectores y Enric?

    b. ¿Cómo se llama el hombre asesinado?

    c. ¿Quiénes forman «La banda del Manco»? ¿Qué robaron?

29. Lee el capítulo y comprueba si tus respuestas son correctas.

Capítulo XI

30. 🔴11 Antes de leer el capítulo, escúchalo y completa estas oraciones.

    a. Cuando Enric y el inspector llegan a la casa _____.

    b. Cuando Enric está solo en la casa _____.

    c. Cuando la chica no puede ver a Enric, él _____.

31. Lee el capítulo y comprueba tus respuestas.

Capítulo XII

32. 🔴12 Antes de leer el capítulo, escúchalo y completa el texto con las palabras adecuadas.

Enric sigue a la chica. Ella va a la _____. Allí, un hombre le dice a la chica que no puede entrar en la iglesia vestida así. La chica se quita la _____ y entonces Enric descubre que no es rubia: es _____. Cuando la chica sale de la catedral, un hombre que cojea la sigue.

33. Lee el capítulo y comprueba si has completado el texto correctamente.

ACTIVIDADES

Capítulo XIII

34. **13** Antes de leer el capítulo, escúchalo y escribe V si son verdaderas o F si son falsas las siguientes afirmaciones.

   a. Enric va a la comisaría y le explica a Ibáñez lo que ha visto. ☐

   b. Los dos hombres que siguieron a Laura están en libertad. ☐

   c. Enric e Ibáñez deciden ir a casa de Laura. ☐

35. Lee el capítulo y comprueba tus respuestas.

Capítulo XIV

36. **14** Antes de leer el capítulo, escúchalo. ¿Cómo se relacionan estas palabras clave de la historia con lo que sucede en este capítulo?

     teléfono   café   amiga

37. Lee el capítulo y comprueba tus respuestas.

Capítulo XV

38. **15** Antes de leer el capítulo, escúchalo y explica qué significan estas exclamaciones.

   a. ¡Así no vamos a llegar nunca!   c. ¡Qué lentos son!

   b. ¡Ibáñez... es horrible!   d. ¡Vamos, que no tenemos tiempo!

39. Lee el capítulo y comprueba tus respuestas.

Capítulo XVI

40. **16** Antes de leer el capítulo, escúchalo y responde a las preguntas.

   a. ¿Dónde están las dos chicas?

   b. ¿Qué descubre Laura?

   c. ¿Cómo reacciona Ana?

41. Lee el capítulo y comprueba tus respuestas.

El hombre del bar

Capítulo XVII

42. 17 Antes de leer el capítulo, escúchalo y escribe el inicio de las siguientes oraciones.

   a. _____ y Laura corre hacia ellos.

   b. _____ que Ana está muerta.

   c. _____ pero el inspector le dispara primero.

43. Lee el capítulo y comprueba tus respuestas.

Capítulo XVIII

44. 18 Antes de leer el capítulo, escúchalo y señala la respuesta correcta.

   a. ¿Qué tira Laura al mar?
   ☐ Las perlas.
   ☐ La cruz que le dio la gitana.
   ☐ La cartera del hombre del bar.

   b. ¿Cómo es el final de la historia?
   ☐ Triste.
   ☐ Feliz.
   ☐ Esperanzador.

45. Lee el capítulo y comprueba tus respuestas.

Después de leer

46. Ordena las siguientes ilustraciones de la historia.

Describe el momento de la historia al que se refiere cada ilustración.

ACTIVIDADES

47. Durante la lectura de *El hombre del bar* has tenido la oportunidad de descubrir algunos de los lugares más emblemáticos de Barcelona. Aquí te presentamos otros.

    ¿Sabrías relacionarlos con su nombre correspondiente?

    Parc Güell   Sagrada Familia   Las Ramblas

48. Reflexiona sobre las estrategias que has usado durante la lectura de *El hombre del bar*. Para ello, completa la siguiente tabla.

	Siempre	Casi siempre	Casi nunca	Nunca
Me he documentado sobre las características principales de la novela, para estar más preparado.				
Para comprender mejor el texto, he usado diccionarios, gramáticas y otros materiales.				
Cuando no entendía una palabra, he intentado deducir su significado según el contexto.				
He anotado vocabulario y expresiones nuevos para poder recuperarlos si era necesario.				
Si me perdía en algún punto de la lectura, hacía una rápida revisión para situarme antes de continuar.				
Cuando lo he necesitado, he pedido ayuda a mi profesor, compañeros o a otras personas.				

SOLUCIONES

1. a. De un asesinato en una gran ciudad. b. En las calles de Barcelona. c. Un narrador en tercera persona.
2. a. Catedral; b. Barrio Gótico; c. puerto; d. mercado de la Boquería.
4. a. En un bar. b. Un hombre y una chica. c. Cartera de mano. d. Dos hombres y otra chica.
6. Novela policíaca.
7. a. ¿Dónde están Laura y Ana? b. ¿De dónde es Laura? c. ¿De dónde es Ana? d. ¿Qué le dice la gitana a Laura?
9. Asustada, nerviosa, confundida.
12. 1c; 2a; 3d; 4b.
14.

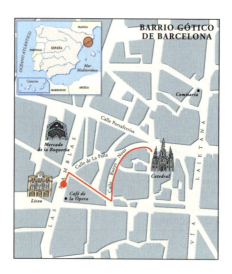

15. 1b; 2c; 3d; 4a.
17. b.

SOLUCIONES

18. Marcar las calles Banys Nous, Palla, Portaferrissa.

20. a. A una casa de la calle de la Palla. b. Al hombre del bar, muerto. c. Una señora mayor. d. Llamar a la policía.

21. b. Hace mucho frío y la calle está vacía.

23. El inspector Ibáñez y Enric explican a las chicas que el hombre del bar ha sido asesinado de un disparo en la cabeza. En la chaqueta del hombre muerto encontraron una carta, que desean descifrar. El inspector y Enric deciden seguir trabajando en el caso. Laura y Ana deciden ir al puerto juntas.

25. a. Laura y Ana. b. En el puerto. c. Gambas y manzanas. d. De sus vidas.

27. Laura: infancia feliz; vivió con sus padres y hermanos; fue a una escuela normal. Ana: infancia infeliz; no conoció a sus padres; fue a una escuela especial.

28. a. Del asesinato del hombre del bar. b. Pedro Rubio. c. Pedro Rubio, «el Moreno»; Casimiro Rodríguez, «el Manco»; Luis García, «el Perchas»; Manuel Ruiz, «el Sucio». Robaron dinero y joyas.

30. a. Cuando Enric e Ibáñez llegan a la casa, inspeccionan las habitaciones. b. Cuando Enric está solo en la casa, ve a una chica que entra. c. Cuando la chica no puede ver a Enric, él le coge la pistola y le quita las balas.

32. catedral; peluca; morena.

34. a: V; b: F; c: V.

36. Teléfono: Laura llama por teléfono a Enric para decirle que está en casa. Café: Laura está muy cansada, y por eso prepara café. Amiga: Ana, la nueva amiga de Laura, va a su casa y le explica más historias de su vida.

38. a. Lo dice Enric. Hay mucho tráfico y piensa que van a tardar mucho en llegar. b. Lo dice Enric. Recuerda que ha visto a «el Cojo» y que su amiga Laura está en peligro. c. Lo dice Enric y se refiere a los coches. d. Lo dice Enric. Desea que los coches circulen más rápido, porque no tiene mucho tiempo para llegar a casa de su amiga Laura.

El hombre del bar

40. a. En casa de Laura. b. Que Ana es peligrosa. c. Se dispara a sí misma.

42. a. Ibáñez y Enric llegan a casa de Laura, y Laura corre hacia ellos. b. Ibáñez constata que Ana está muerta. c. «El Manco» intenta disparar, pero el inspector le dispara primero.

44. a. La cruz que le dio la gitana. b. Triste.

46. Ordenar las ilustraciones así: 1. Laura y Ana salen corriendo del bar. 2. Laura y Ana leen el mensaje del hombre del bar. 3. Las dos chicas encuentran al hombre muerto. 4. Las dos chicas van al puerto a comer y a hablar. 5. Enric ve a una chica misteriosa en la casa del hombre muerto. 6. Laura y Ana discuten en casa de Laura.

47. a. Sagrada Familia; b. Las Ramblas; c. Parc Güell.

NOTAS

Estas notas proponen equivalencias o explicaciones que no pretenden agotar el significado de las palabras y expresiones siguientes, sino aclararlas en el contexto de *El hombre del bar*.

m.: masculino, *f.:* femenino, *inf.:* infinitivo.

[1] **perlas** *f.:* pequeños objetos, en general esféricos (redondos), de color blanco y brillantes, que se forman en el interior de ciertos animales del mar (moluscos) y que se usan en joyas.

[2] **ensangrentadas:** manchadas con **sangre**. La **sangre** (*f.*) es un líquido de color rojo que circula a través de todo el organismo humano.

[3] **Alaska y Dinarama:** grupo español de música «pop» famoso a finales de los años setenta y durante los ochenta.

[4] **«Barri Gòtic»** *m.:* Barrio Gótico, en catalán. Es la parte más antigua de Barcelona, en la que se encuentra la catedral.

[5] **se acerca** (*inf.:* **acercarse**): va hacia.

[6] **sorprendida** (*inf.:* **sorprenderse**): bajo el efecto de la **sorpresa**. La **sorpresa** (*f.*) es la emoción que causa algo extraño que no se espera o que no se entiende.

[7] **cartera de mano** *f.:* aquí, objeto de materia generalmente flexible (cuero, plástico, etc.) que sirve para meter dinero, papeles y otras cosas pequeñas y que una persona lleva consigo.

[8] **voz** *f.:* sonido que los humanos emiten cuando hablan o cantan.

[9] **navaja** *f.:* cuchillo que se puede doblar, metiéndose la parte cortante en el mango.

[10] **«Café de la Ópera»** *m.:* famoso bar de Barcelona, lugar de reunión de intelectuales, estudiantes y turistas, situado enfrente del **Liceo** (ver nota 12).

El hombre del bar

[11] **Ramblas** *f.*: la calle más famosa de Barcelona, que va desde el centro de la ciudad hasta el puerto. Allí la gente suele pasear, comprar flores o animales.

[12] **Liceo** *m.*: teatro de la ópera de Barcelona; se encuentra en las **Ramblas** (ver nota 11).

[13] **León:** provincia del noroeste de España y ciudad del mismo nombre.

[14] **gitana** *f.*: mujer de cierta raza de vida **nómada** –que no tiene un sitio fijo para vivir–, posiblemente originaria de la India, que se extendió en épocas muy distintas por Europa y otros lugares.

[15] **cruz** *f.*: figura formada por dos líneas que se cortan perpendicularmente. Aquí, símbolo cristiano formado por dos barras de madera o de metal, una más larga que la otra.

[16] **proteger:** evitar un peligro a otra persona.

[17] **contestador automático** *m.*: aparato que se conecta al teléfono y que cuenta con un disco o una cinta magnética que sirve para grabar **mensajes** (ver nota 18). La gente lo suele conectar cuando no está en casa.

[18] **mensaje** *m.*: palabras que decimos o escribimos para comunicar algo.

[19] **catedral** *f.*: la iglesia más importante de una ciudad en tamaño y categoría.

[20] **Virgen** *f.*: representación –cuadro o figura de piedra o madera– de la Virgen, madre de Dios en la religión católica.

[21] **murallas** *f.*: paredes de piedra muy gruesas y altas que antiguamente se construían por lo general alrededor de las ciudades para protegerlas.

[22] **tesoro** *m.*: conjunto de cosas de mucho valor –dinero, joyas u otros objetos.

[23] **olas** *f.*: movimiento de las aguas del mar.

[24] **catalán** *m.*: lengua latina hablada en Cataluña, la región del noreste de España formada por las provincias de Barcelona, Gerona, Lérida y Tarragona.

[25] **jaula** *f.*: caja hecha con barrotes, generalmente de metal o madera, y que sirve para encerrar o transportar animales, pájaros en particular.

[26] **gambas** *f.*: pequeño marisco de color rojo que se come mucho en España: cocido, a la plancha, con la paella, etc.

[27] **disparo** *m.*: acción de **disparar**, que es hacer que un arma, aquí una pistola, lance un proyectil.

[28] **asesinado** (*inf.*: asesinar): matado.

29   **gaviotas** *f.*: pájaros que viven cerca del mar y se alimentan de peces.

30   **informe** *m.*: conjunto de noticias, información que se da generalmente por escrito, sobre una persona o un tema específico.

31   **manco** *m.*: se dice de una persona que ha perdido un brazo o una mano, o los dos, o de la persona para quien es definitivamente imposible utilizarlos.

32   **banda** *f.*: aquí, grupo de personas que se reúnen para realizar acciones criminales o fuera de la ley.

33   **escapan** (*inf.*: **escapar**): salen deprisa y consiguen quedar fuera del sitio y lejos de la(s) persona(s) que representa(n) un peligro para ellos.

34   **balas** *f.*: proyectiles que disparan las armas de fuego.

35   **peluca** *f.*: pelo postizo que las personas se ponen para ocultar la falta de pelo o para cambiar de aspecto.

36   **apunta** (*inf.*: **apuntar**): dirige su arma hacia algo o alguien y se prepara para disparar.